Mix
Genuss
AF558233
Unser beliebtesten
Veggie-Rezepte
für den
Thermomix

REZEPTÜBERSICHT

Was koche ich heute?

SALATE

SNACKS

HAUPTGERICHTE

ASIA-SALAT mit Chinakohl

ASIA-SALAT
mit Chinakohl

4 PORTIONEN — FERTIG IN 20 MIN.

ZUTATEN

250 g Mie-Nudeln (Instant)
1 kl. Chinakohl (150 g)
3 Frühlingszwiebeln
2 EL Sesam, geröstet
100 g Mandelstifte

FÜR DAS DRESSING

1 Knoblauchzehe
60 g Balsamicoessig, hell
40 g Öl
1 EL Sojasauce
50 g Zucker
1 TL Salz
1 TL Pfeffer, gem.
½ TL Currypulver
2 TL Gemüsebrühpulver

SO GEHT'S

Nudeln nach Packungsanweisung zubereiten. Danach kalt abschrecken und in eine große Schüssel geben. Chinakohl in Streifen und Frühlingszwiebeln in Ringe schneiden. Zusammen mit Sesam sowie Mandelstiften zum Salat geben.

Für das Dressing alle Zutaten im Mixtopf **3 Min./70°C/Stufe 3** erwärmen. Etwas abkühlen lassen und über den Salat geben. Gut vermengen und durchziehen lassen.

Pro Portion: 575 kcal | 65 g KH | 15 g EW | 27 g Fett

CAMEMBERTSALAT
mit Marillendressing

CAMEMBERT SALAT *mit Marillen-dressing*

3 PORTIONEN — FERTIG IN 20 MIN.

ZUTATEN

100 g Feldsalat
½ Kopf Radicchio
½ Bd. Radieschen
125 g blaue Trauben
200 g Camembert

FÜR DAS DRESSING

50 g mildes Öl (z.B. Traubenkernöl o. mildes Olivenöl)
1 EL Marillenkonfitüre
2 EL Balsamicoessig, hell
1 TL Senf, mittelscharf
etwas Salz & Pfeffer

SO GEHT'S

Feldsalat zusammen mit klein geschnittenem Radicchio waschen und trocken schleudern. In eine Schüssel geben. Radieschen in Scheiben schneiden und Trauben halbieren. Camembert würfeln und alles zum Salat geben.

Zutaten für das Dressing verrühren und über den Salat geben. Gut vermengen und servieren.

Pro Portion: 403 kcal | 12 g KH | 14 g EW | 32 g Fett

Sommerlicher TOMATENSALAT

Sommerlicher TOMATENSALAT

4 PORTIONEN — FERTIG IN 20 MIN.

ZUTATEN

30 g	Pistazienkerne, gehackt
1 EL	Sesam
1 EL	Sonnenblumenkerne
1 EL	Kürbiskerne
1 kg	Tomaten, bunt gemischt
50 g	grüne Oliven, entsteint
1 kl.	rote Zwiebel
200 g	Frischkäse, light 9% Fett

2 Handvoll Brunnenkresse
1 Handvoll Basilikum
1 Handvoll Koriander

FÜR DAS DRESSING

1	Knoblauchzehe
½	Zitrone, Saft davon
2 EL	Olivenöl
etwas	Salz & Pfeffer
1 Prise	Zucker

SO GEHT'S

Pistazienkerne, Sesam, Sonnenblumen- und Kürbiskerne in einer Pfanne ohne Fett anrösten. Tomaten und Oliven in Scheiben schneiden. Zwiebel in feine Ringe hobeln.

Für das Dressing Knoblauch im Mixtopf **5 Sek./Stufe 5** zerkleinern. Restliche Dressingzutaten zugeben und **10 Sek./Stufe 2** vermengen.

Tomatenscheiben, Zwiebelringe und Oliven gemischt auf eine Servierplatte geben. Mit Dressing beträufeln. Frischkäse klecksartig auf dem Salat verteilen. Brunnenkresse, Basilikum und Koriander darüber geben und mit der Körnermischung bestreuen.

Pro Portion: 281 kcal | 11 g KH | 12 g EW | 20 g Fett

Bunter COUSCOUS-SALAT

Bunter COUSCOUS SALAT

6 PORTIONEN — FERTIG IN 25 MIN.

ZUTATEN

525 g	Wasser, lauwarm
1 EL	Gemüsebrühpulver
250 g	Couscous
1 Dose	Gemüsemais (Abtr.gew. 140 g)
2-3	Frühlingszwiebeln
4-5 kl.	Tomaten
1	gelbe Paprika
1	orange Paprika
1 P.	Feta-Miniwürfel (135g)

FÜR DAS DRESSING

1 Handvoll Petersilie

60 g	Öl
60 g	Apfelessig
1	Zitrone, Saft davon
1 EL	Zucker
1 TL	Salz
½ TL	Pfeffer, gem.
1 TL	rote Thai-Currypaste
30 g	Sojasauce
20 g	Tomatenmark

SO GEHT'S

Wasser und Gemüsebrühpulver in den Mixtopf geben und **6 Min./100°C/Stufe 1** aufkochen. Couscous in eine große Schüssel geben und mit dem kochenden Wasser übergießen. 10 Min. ziehen lassen.

In der Zwischenzeit Mais absieben, Frühlingszwiebeln in Ringe schneiden und Tomaten sowie Paprika klein würfeln. Zusammen mit den Fetawürfelchen zum Couscous geben und vermengen.

Für das Dressing Petersilie im Mixtopf **8 Sek./Stufe 8** hacken. Restliche Dressingzutaten zugeben und **10 Sek./Stufe 3** mixen. Dressing über den Salat geben und gut vermengen.

Pro Portion: 452 kcal | 58 g KH | 11 g EW | 16 g Fett

ROTE BEETE CARPACCIO
auf Avocadocreme

ROTE BEETE CARPACCIO
auf Avocadocreme

4 PORTIONEN — FERTIG IN 20 MIN.

ZUTATEN

1 große reife Avocado
30 g Olivenöl
½ Limette, Saft davon
etwas Salz & Pfeffer
1 rote Beete, gegart
1 gr. Handvoll Wintersalat, gemischt
etwas frischer Dill

FÜR DAS DRESSING

30 g Haselnusskerne
20 g Pekannusskerne
50 g Olivenöl
½ Limette, Saft davon
1 EL Balsamicoessig
1 TL Honig
etwas Salz & Pfeffer

SO GEHT'S

Avocado-Fruchtfleisch in den Mixtopf geben und **5 Sek./Stufe 5** zerkleinern. Mit dem Spatel nach unten schieben. Olivenöl, Limettensaft und etwas Salz & Pfeffer zugeben und **1 Min./Stufe 3** cremig rühren.

Avocadocreme auf einem großen Servierteller glatt streichen. Rote Beete sehr fein hobeln und auf der Avocadocreme platzieren. Salat und Dill darauf verteilen.

Für das Dressing Nüsse mit einem Messer grob hacken und in einer Pfanne ohne Öl anrösten. Restliche Zutaten mit in die Pfanne geben, vermengen und kurz abkühlen lassen. Dressing über den Salat geben und servieren.

Pro Portion: 416 kcal | 8 g KH | 3 g EW | 35 g Fett

PANZANELLA
Toskanischer Brotsalat

Tipp
Wer den Salat vorbereiten möchte, gibt die Brotwürfel und das Dressing erst kurz vor dem Servieren zum Salat.

*Parmesan ist nicht rein vegetarisch. Wer darauf verzichten möchte, ersetzt diesen durch eine labfreie Käsesorte aus dem Biomar

PANZANELLA
Toskanischer Brotsalat

4 PORTIONEN — FERTIG IN 20 MIN.

ZUTATEN

2 Ciabattabrötchen
2-3 EL Olivenöl
200 g Cocktailtomaten
2 Handvoll Rucola
40-50 g grüne Oliven, entsteint
1 kl. rote Zwiebel
75 g getr. Tomaten, in Öl eingelegt
50 g Parmesanspäne*

FÜR DAS DRESSING

1 Knoblauchzehe
5 Basilikumblätter
2 EL Olivenöl
3 EL Balsamicoessig, dunkel
1 EL Zitronensaft
½ TL Honig
etwas Salz & Pfeffer

SO GEHT'S

Ciabattabrötchen in Würfel schneiden und mit Öl in einer Pfanne anbraten. Herausnehmen und abkühlen lassen.

Cocktailtomaten halbieren und mit Rucola in eine Schüssel geben. Oliven und Zwiebel in feine Scheiben schneiden. Getrocknete Tomaten in Streifen schneiden. Alles mit in die Schüssel geben, Brotwürfel und Parmesan untermischen.

Für das Dressing Knoblauch und Basilikum in den Mixtopf geben und **5 Sek./Stufe 6** zerkleinern. Restliche Zutaten für das Dressing zugeben und **10 Sek./Stufe 3** mixen. Über den Salat geben, alles gut vermengen und servieren.

Pro Portion: 507 kcal | 57 g KH | 15 g EW | 22 g Fett

BURRATA mit Honig-Knoblauch-Tomaten

BURRATA mit Honig-Knoblauch-Tomaten

2 PORTIONEN — FERTIG IN 20 MIN.

ZUTATEN

1 Handvoll Rucola

25 g	Pinienkerne
1	Knoblauchzehe
8-10	Basilikumblätter
3	Tomaten, bunt gemischt
30 g	Olivenöl
1 TL	Honig
1 EL	Balsamicocreme
etwas	Salz & Pfeffer
1 Kugel	Burrata (125 g-150 g)

Tipp

Wer möchte, kann noch kleine Mangowürfel und Zwiebeln dazugeben. Anstelle der Balsamicocreme passt dann ein Fruchtbalsamico (z.B. Mango).

SO GEHT'S

Rucola auf einem Teller anrichten. Pinienkerne in einer Pfanne ohne Fett anrösten und abkühlen lassen.

Knoblauch und Basilikumblätter im Mixtopf **5 Sek./Stufe 6** hacken. Tomaten sechsteln und in den Mixtopf geben. Öl, Honig, Balsamicocreme und etwas Salz & Pfeffer zugeben und **3 Min./100°C/Sanftrührstufe** erhitzen.

Burrata mittig auf den Rucola setzen und mit Salz & Pfeffer würzen. Etwas Olivenöl darauf träufeln. Tomaten aus dem Mixtopf ringsrum platzieren und das Ganze mit Pinienkernen bestreut servieren.

Pro Portion: 412 kcal | 11 g KH | 10 g EW | 35 g Fett

Mixed PASTASALAD

Mixed PASTASALAD

6 PORTIONEN — FERTIG IN 20 MIN.

ZUTATEN

250 g frische Tortellini (mit Käsefüllung)
300 g Nudeln (Korkenzieher)
3 Frühlingszwiebeln
1 rote Paprika
1 Bund Rucola
½ Kästchen Kresse
300 g kl. Rispentomaten

FÜR DAS DRESSING

1 Zwiebel, halbiert
1 Knoblauchzehe
1 EL Olivenöl
100 g Crème fraîche
200 g Naturjoghurt, 3,8%
10 g Weißweinessig
1 TL Salz, leicht gehäuft
½ TL Pfeffer, gem.
½ Zitrone, Saft davon
½ TL Paprikapulver, rosenscharf
½ TL Paprikapulver, geräuchert
1 EL Agavendicksaft

SO GEHT'S

Nudeln nach Packungsanweisung zubereiten. Danach kalt abschrecken und in eine große Schüssel geben. Frühlingszwiebeln in Ringe schneiden und Paprika klein würfeln. Beides zum Salat geben. Rucola etwas klein schneiden und zusammen mit der abgeschnittenen Kresse zugeben.

Für das Dressing Zwiebel und Knoblauch **5 Sek./Stufe 6** zerkleinern. Mit dem Spatel nach unten schieben, Öl zugeben und **2 Min./Varoma/Stufe 1** dünsten. Restliche Zutaten für das Dressing zugeben, **10 Sek./Stufe 3** verrühren und zu den Nudeln geben. Alles vermengen.

Zum Schluss Tomaten im Ganzen in einer Pfanne mit Öl anbraten und über den Salat geben.

Pro Portion: 412 kcal | 57 g KH | 17 g EW | 12 g Fett

Apfel-QUINOASALAT

Apfel-QUINOASALAT

4 PORTIONEN — FERTIG IN 30 MIN.

ZUTATEN

125 g	Quinoa, weiß
250 g	Wasser, lauwarm
1	roter Apfel
1	grüner Apfel
1 Bund	Frühlingszwiebeln
60 g	getr. Cranberries
60 g	Pekannusskerne, gehackt

FÜR DAS DRESSING

1	Knoblauchzehe
30 g	Olivenöl
1 TL	Senf, mittelscharf
1 TL	Honig
1 TL	Salz
40 g	Apfelessig
1 EL	Limettensaft

SO GEHT'S

Quinoa in ein Sieb geben und unter fließendem Wasser waschen, bis das Wasser klar ist. 250 g lauwarmes Wasser und Quinoa in den Mixtopf geben und **12 Min./100°C/Sanftrührstufe** garen. Danach noch 8 Min. bei geschlossenem Deckel ziehen lassen. In ein Sieb geben, mit kaltem Wasser spülen und in eine Schüssel geben.

Äpfel in Würfel und Frühlingszwiebeln in Ringe schneiden. Zusammen mit Cranberries und Pekannüssen zur Quinoa geben.

Für das Dressing Knoblauch im Mixtopf **5 Sek./Stufe 5** hacken. Restliche Zutaten zugeben und **10 Sek./Stufe 4** mixen. Über den Salat geben, vermengen und servieren.

Pro Portion: 404 kcal | 45 g KH | 7 g EW | 20 g Fett

Weltbestes CAPRESE SANDWICH

Weltbestes CAPRESE SANDWICH

4 PORTIONEN — FERTIG IN 20 MIN.

ZUTATEN

1 großes Baguette
2 Tomaten
etwas Salz & Pfeffer
200 g Burrata (altern. 250 g Mozzarella)
2 EL Öl
1 TL Chiliflocken
1 TL ital. Kräuter, getr.
1 TL Oregano, getr.
1 Handvoll Basilikumblätter

FÜR DAS PESTO

2 Knoblauchzehen
1 Handvoll Basilikumblätter
40 g Parmesan
150 g Cocktailtomaten
etwas Salz
50 g Olivenöl

SO GEHT'S

Backofen auf 200°C Umluft vorheizen.
Für das Pesto Knoblauch, Basilikum und Parmesan in den Mixtopf geben und **8 Sek./Stufe 8** zerkleinern. Cocktailtomaten und etwas Salz zugeben und **5 Sek./Stufe 6** mixen. Nun Thermomix auf **Stufe 4** laufen lassen und Olivenöl in dünnem Strahl durch das Deckelloch laufen lassen. Fertig ist das Pesto.

Baguette in 4 Teile schneiden und aufschneiden. Deckel und Boden des Baguettes mit Pesto bestreichen. Tomaten in Scheiben schneiden und Baguetteböden damit belegen. Mit Salz & Pfeffer würzen. Burrata (Mozzarella) in Scheiben schneiden und auf die Tomaten legen.

Nun 2 EL Öl mit Chiliflocken, ital. Kräutern und Oregano verrühren und etwas auf die Burrata träufeln (Rest wird zum Bestreichen des Baguettes benötigt). Basilikumblätter auf die Burrata legen und Baguette-Deckel darauf setzen. Die zusammengeklappten Sandwiches mit der Öl-Mischung bepinseln und im Backofen ca. 5-6 Min. rösten.

Pro Portion: 521 kcal | 41 g KH | 14 g EW | 34 g Fett

Mexican LINSENBURRITO

Variante

Sie können die Zutaten (ohne Tortillafladen) auch in ein Glas schichten. Extra dazu kommt eine Handvoll Blattsalat und ein Joghurtdressing aus 3 EL Joghurt, 1 EL Zitronensaft, etwas Salz & Pfeffer.

Mexican LINSENBURRITO

4 PORTIONEN — **FERTIG IN 35 MIN.**

ZUTATEN

1	rote Paprika
8	Cocktailtomaten
1	Avocado
1 EL	Limettensaft
4	Tortilla-Wraps
4 EL	Naturjoghurt, 1,5%
etwas	mexikanisches Gewürz*
80 g	geriebener Käse (z.B. Cheddar)
80 g	Mais (Dose)
80 g	schwarze Bohnen (Dose)

FÜR DIE LINSENMASSE

1	Knoblauchzehe
½	rote Peperoni
60 g	rote Linsen
220 g	Wasser, lauwarm
1 TL	Gemüsebrühpulver
½ TL	Kreuzkümmel, gem.
½ TL	Paprikapulver, geräuchert
25 g	Tomatenmark

*Mexikanisches Gewürz finden Sie im Supermarkt in der Gewürzabteilung

SO GEHT'S

Paprika in dünne Streifen schneiden und Cocktailtomaten halbieren. Avocado in Würfel schneiden und mit Limettensaft vermengen.

Für die Linsenmasse Knoblauch und Peperoni im Mixtopf **5 Sek./Stufe 6** zerkleinern. Restliche Zutaten (außer Tomatenmark) zugeben und **14 Min./100°C/Stufe 1** kochen. In der Zwischenzeit auf jeden Tortilla-Wrap 1 EL Joghurt geben und mit etwas mexikanischem Gewürz würzen. Nach Garzeitende Tomatenmark zu den Linsen geben und **5 Sek./ ⟲ /Stufe 2.5** unterrühren.

Linsenmasse mittig auf die mit Joghurt bestrichenen Fladen geben und mit Gemüse, Käse, Mais und Bohnen belegen. Aufrollen und in einer Pfanne ohne Öl oder im Kontaktgrill kurz anbraten.

Pro Portion: 476 kcal | 51 g KH | 19 g EW | 18 g Fett

OFENBROT *Rustikali Tomate*

OFENBROT
Rustikali Tomate

3 STÜCK — **FERTIG IN 30 MIN.**

FÜR DEN TEIG

110 g Wasser, lauwarm
½ TL Salz
120 g Weizenmehl, Type 550
80 g Dinkelmehl, Type 1050
1 TL Backpulver
2 TL Öl

FÜR DEN BELAG

200 g Schmand
1 EL Parmesan, gerieben*
3 TL ital. Kräuter, getr.
etwas Salz & Pfeffer
12 Cocktailtomaten
6 TL grünes Pesto
100 g Mozzarella, gerieben

*Parmesan ist nicht rein vegetarisch. Wer darauf verzichten möchte, ersetzt diesen durch eine labfreie Käsesorte aus dem Biomarkt.

SO GEHT'S

Backofen auf 200° Ober-/Unterhitze (180°C Umluft) vorheizen. Alle Teigzutaten in den Mixtopf geben und **1 Min./Teigstufe** kneten. Teig in 3 Portionen teilen und auf etwas Mehl zu länglichen Fladen ausrollen. Auf ein mit Backpapier belegtes Backblech setzen und mit einer Gabel mehrmals in den Teig einstechen.

Für den Belag Schmand mit Parmesan, ital. Kräutern und etwas Salz & Pfeffer verrühren. Auf die Teigfladen streichen. Cocktailtomaten halbieren und zusammen mit dem Pesto und Mozzarella auf die Fladen verteilen. Im vorgeheizten Backofen ca. 15-20 Min. backen.

Pro Stück: 604 kcal | 55 g KH | 19 g EW | 34 g Fett

VEGGIE-PATTIES mit Bohnen und Quinoa

Zum Belegen empfehlen wir
Salat, gebratene Zwiebel, Käse (z.B. Cheddar), Guacamole und Tomaten

VEGGIE PATTIES
mit Bohnen und Quinoa

8 STÜCK —— **FERTIG IN 3,5 STD.**

ZUTATEN

100 g	weiße Quinoa
375 g	Wasser
240 g	weiße Bohnen (Dose)
1	Ei
1 TL	Gemüsebrühpulver
1 TL	Senf, mittelscharf
1 TL	Tomatenmark
1 TL	Currypulver
1 TL	Paprikapulver, edelsüß
1 TL	Salz
½ TL	Pfeffer, gem.
1 TL	Chiliflocken, nach Bedarf
75 g	Paniermehl

SO GEHT'S

Quinoa in ein Sieb geben und mit heißem Wasser gut waschen. Danach in den Mixtopf geben. Wasser zugeben und **15 Min./100°C/Sanftrührstufe** garen. Anschließend abkühlen lassen.

Bohnen, Ei und Gewürze zugeben und **20 Sek./Stufe 4** mixen. Paniermehl zugeben und erneut **15 Sek./Stufe 4** vermengen. Teig aus dem Mixtopf nehmen und ggf. noch mal etwas Paniermehl von Hand unterkneten. Der Teig sollte eine feste formbare Konsistenz haben. Teig im Kühlschrank 2-3 Std. durchziehen lassen, gerne auch über Nacht.

Aus der Masse 8 Patties formen und auf dem Grill grillen (wir empfehlen eine Grillmatte) oder in der Pfanne mit etwas Öl von beiden Seiten goldbraun anbraten.

Pro Patty: 126 kcal | 20 g KH | 6 g EW | 2 g Fett

Mexican TACO BOWL BITES

Tipp

Wer es gerne schärfer mag, kann vor dem Servieren noch etwas Chilipulver darüber streuen.

Mexican TACO BOWL BITES

24 STÜCK — **FERTIG IN 30 MIN.**

ZUTATEN

6 gr.	Tortillafladen / Dürüm (Ø 28 cm)
1 gr.	Zwiebel
2	Knoblauchzehen
1 EL	Öl
2 P.	vegetarisches „Hack“ (à 180 g)
50 g	Tomatenmark
80 g	Wasser
1 TL	Paprikapulver, edelsüß
½ TL	Kreuzkümmel, gem.
½ TL	Oregano, getr.
150 g	geriebener Cheddar
200 g	Sour Cream
1	Avocado
1	Limette, Saft davon
2	Tomaten
etwas	Koriander, gehackt

Zubehör: Muffinblech

SO GEHT'S

Tortillafladen in Quadrate schneiden und diese in je vier Teile schneiden, ergibt 24 Quadrate. Quadrate in eine Muffinform geben (s. Bild).

Zwiebel und Knoblauch in den Mixtopf geben und **5 Sek./Stufe 5** hacken. Mit dem Spatel nach unten schieben. Öl zugeben und **2 Min./Varoma/Stufe 1** dünsten. Hack, Tomatenmark, Wasser und Gewürze zugeben und **7 Sek./ ↺ /Stufe 3** mischen. In die vorbereiteten Tortillafladen füllen, mit Cheddarkäse bestreuen (bis auf 2 EL für die Deko) und im vorgeheizten Backofen bei 175°C Umluft ca. 10 Min. backen.

Aus der Form nehmen und auf einer Platte anrichten. In jede Bowl etwas Sour Cream geben. Avocado in Würfel schneiden und mit Limettensaft vermengen. Tomaten ebenfalls in Würfel schneiden. Avocado- und Tomatenwürfel in die Förmchen geben und mit etwas geriebenem Cheddar und Koriander bestreuen.

Pro Stück: 111 kcal | 9 g KH | 7 g EW | 5 g Fett

Türkische FALAFEL

Türkische FALAFEL

25 BÄLLCHEN — FERTIG IN 1,5 STD. — VORBEREITUNGSZEIT : 24 STD.

ZUTATEN

500 g getrocknete Kichererbsen
1 Zwiebel, halbiert
4 Knoblauchzehen
1 Handvoll Koriander
1 Handvoll Petersilie
1½ TL Salz
1 TL Paprikapulver, edelsüß
etwas Chiliflocken

1 TL Backpulver
2 TL Kreuzkümmel, gem.
2 TL Koriander, gem.

etwas Öl zum Anbraten

SO GEHT'S

Kichererbsen in eine Schüssel geben und mit reichlich Wasser bedecken. Für 20-24 Std. durchziehen lassen. Danach absieben.

Zwiebel, Knoblauch, Koriander und Petersilie im Mixtopf **5 Sek./Stufe 5** hacken. Kichererbsen und restliche Zutaten zugeben und **25 Sek./Stufe 8** mixen. Mit dem Spatel alles durchrühren und nochmal **15 Sek./Stufe 6** mixen. Erneut mit dem Spatel alles durchrühren und wieder **15 Sek./Stufe 6** mixen, bis eine einheitliche Masse entstanden ist. Wieder in eine Schüssel geben und 1 Std. in den Kühlschrank stellen.

Aus der Masse mit den Händen kleine Bällchen formen und in einer Pfanne mit reichlich Öl anbraten. Alternativ in einem Topf mit Öl frittieren.

Pro Bällchen: 76 kcal | 9 g KH | 4 g EW | 2 g Fett

SESAM-FETA im Blätterteig

SESAM-FETA im Blätterteig

2 STÜCK — **FERTIG IN 25 MIN.**

ZUTATEN

1 Rolle	Blätterteig (275 g)
2	Fetakäse, light
etwas	frischer Thymian
etwas	Pfeffer, gem.
1	Eigelb
1 TL	weißer Sesam
1 TL	schwarzer Sesam
2-3 TL	Honig

Tipp

Hierzu passt ein Salat mit Tomaten, Gurke, grüner Spitzpaprika und roter Zwiebel - mariniert mit Olivenöl, Rotweinessig, Salz, Pfeffer und etwas Petersilie.

SO GEHT'S

Backofen auf 200°C Umluft vorheizen. Blätterteig entrollen und in 2 Teile schneiden. Fetakäse auspacken und mit einem Küchenkrepppapier trocken tupfen. Käse mittig auf je einem Blätterteigstück platzieren und mit Thymian belegen. Mit Pfeffer würzen, Blätterteig um den Feta schlagen und fest verschließen.

Auf ein mit Backpapier belegtes Backblech legen und mit Eigelb bestreichen. Mit Sesam bestreuen und für 15 Min. in den Backofen geben.

Vor dem Servieren mit Honig beträufeln.

Pro Stück: 838 kcal | 56 g KH | 38 g EW | 51 g Fett

OFENKÜRBIS mit Rote Beete Zaziki

Tipp
Servieren Sie dazu einen Salat.

OFENKÜRBIS
mit Rote Beete Zaziki

2 PORTIONEN — FERTIG IN 30 MIN.

ZUTATEN

500 g	Kürbis (Hokkaido o. Butternut)
2 EL	Olivenöl
1 TL	Knoblauchpulver
1 TL	Paprikapulver, rosenscharf
¼ TL	Salz
etwas	Pfeffer, gem.

FÜR DAS ZAZIKI

1	Knoblauchzehe
etwas	frische Petersilie
50 g	Salatgurke
75 g	rote Beete, gegart
250 g	griechischer Joghurt, fettarm
1 TL	Zitronensaft
etwas	Salz & Pfeffer

SO GEHT'S

Kürbis schälen und in fingerdicke Spalten schneiden. Mit Olivenöl und Gewürzen vermengen, auf ein mit Backpapier belegtes Backblech legen und im vorgeheizten Backofen bei 200°C Umluft ca. 15-20 Min. backen.

In der Zwischenzeit das Zaziki zubereiten: Knoblauchzehe und Petersilie im Mixtopf **5 Sek./Stufe 6** hacken. Gurke und Rote Beete in kleine Stücke schneiden und zugeben. Nun **5 Sek./Stufe 5** zerkleinern. Joghurt, Zitronensaft und etwas Salz & Pfeffer zugeben und **10 Sek./ ⟲ /Stufe 3** mixen. Zusammen mit dem Kürbis servieren.

Pro Portion: 397 kcal | 44 g KH | 12 g EW | 18 g Fett

Mediterrane CHAMPIGNONS

*Parmesan ist nicht rein vegetarisch. Wer darauf verzichten möchte, ersetzt diesen durch eine labfreie Käsesorte aus dem Biomarkt.

Mediterrane CHAMPIGNONS

4 PORTIONEN — FERTIG IN 50 MIN.

ZUTATEN

8 gr.	Champignonköpfe
2	Knoblauchzehen
2	Schalotten
1 EL	Olivenöl
50 g	getr. Tomaten, in Öl eingelegt
40 g	grüne Oliven, entsteint
125 g	Mozzarellabällchen
1	Eigelb
1 EL	Paniermehl
15 g	geriebener Parmesan*
etwas	gehackte Petersilie
etwas	Salz & Pfeffer

SO GEHT'S

Backofen auf 200°C Umluft vorheizen.

Aus den Champignons die Stiele herausdrehen und die Köpfe mit einem Teelöffel oder Kugelausstecher aushöhlen. Das Innere wird später weiterverwendet, die Stiele nicht. Die Köpfe mit der Öffnung nach oben in eine Auflaufform setzen.

Knoblauch und Schalotten in den Mixtopf geben und **5 Sek./Stufe 5** zerkleinern. Mit dem Spatel nach unten schieben. Öl zugeben und **2 Min./Varoma/Stufe 1** dünsten. Getrocknete Tomaten und Oliven zugeben und **5 Sek./Stufe 5** hacken. Das Innere der Champignons sowie alle restlichen Zutaten zugeben und **6 Sek./Stufe 4** vermengen.

Die Masse in die Köpfe füllen, andrücken und im vorgeheizten Backofen bei 200°C Umluft ca. 20-25 Min. backen.

Pro Portion: 219 kcal | 6 g KH | 12 g EW | 16 g Fett

QUESADILLAS mit Koriander Sour Cream

Tipp

Wer es schärfer mag, gibt noch 1 TL Cayennepfeffer hinzu.

QUESADILLAS
mit Koriander Sour Cream

5 PORTIONEN — FERTIG IN 25 MIN.

ZUTATEN

je ½ Paprika, grün, rot, gelb und orange
2 Tomaten
1 Bund Frühlingszwiebeln
etwas Öl
etwas Salz & Pfeffer
5 Tortilla-Wraps (Ø 30 cm)
150 g Cheddarkäse, gerieben
5-6 EL Salsasauce

FÜR DIE SOUR CREAM

400 g saure Sahne
1 Handvoll Koriander, gehackt
1 EL Limettensaft
etwas Salz & Pfeffer

Alle Zutaten in einer Schüssel verrühren.

SO GEHT'S

Paprika in Spalten, Tomaten in Würfel und Frühlingszwiebeln in Ringe schneiden. Eine Pfanne mit Öl erhitzen und Paprikaspalten darin anbraten. Mit Salz und Pfeffer würzen.

Die Tortillafladen an einer Seite einschneiden und belegen (siehe Bild). Zusammenfalten. Zuerst die unbelegte Seite über die Paprika schlagen. Das Ganze über den Käse schlagen und dann über die Frühlingszwiebeln. Es entsteht ein Viertelkreis. Die Fladen dann in einer Pfanne mit etwas Öl nacheinander von beiden Seiten anbraten. Dabei mit dem Pfannenwender etwas flach drücken. Die Quesadillas halbieren, auf einer Platte anrichten und mit Koriander Sour Cream servieren.

Pro Portion: 331 kcal | 33 g KH | 13 g EW | 15 g Fett

Mexican STREET CORN FRITTERS

Mexican STREET CORN FRITTERS

4 PORTIONEN — FERTIG IN 50 MIN.

ZUTATEN

1 rote Chilischote, entkernt
1 Handvoll Koriander
1 Frühlingszwiebel
75 g Doppelrahmfrischkäse
25 g Mayonnaise
1 EL Limettensaft
etwas Limettenschalen-Abrieb
100 g Weizenmehl, Type 405
100 g Milch, 1,5%
½ TL Salz
½ TL Pfeffer, gem.
½ TL Chiliflocken
½ TL Paprikapulver, geräuchert
420 g Gemüsemais
180 g Fetakäse
etwas Öl zum Anbraten

FÜR DEN DIP

200 g saure Sahne
50 g Mayonnaise
½ TL Chiliflocken
1 Handvoll Koriander, gehackt
1 EL Limettensaft
etwas Salz & Pfeffer

Alle Zutaten in einer Schüssel gut verrühren.

Schmecken warm und kalt sehr lecker

SO GEHT'S

Chili, Koriander und Frühlingszwiebel im Mixtopf **5 Sek./Stufe 6** hacken. Restliche Zutaten (außer Mais und Feta) zugeben und **10 Sek./Stufe 3** vermengen. In eine Schüssel umfüllen und Mais unterrühren. Feta mit den Händen zerbröseln und untermischen.

Eine beschichtete Pfanne mit reichlich Öl erhitzen, kleine Portionen der Masse hineingeben und backen. Nach 2 Min. wenden. Dazu den Limetten-Chili-Dip servieren.

Pro Portion: 395 kcal | 34 g KH | 16 g EW | 21 g Fett

FETA-SPINAT-TARTE mit Paprika

Hinweis

Sie können die Quiche in einer eckigen Tarteform (ca. 18 x 40 cm) oder in einer runden Quicheform (Ø 26-28 cm) backen.

8 PORTIONEN — FERTIG IN 80 MIN.

FÜR DEN TEIG

125 g	Weizenmehl, Type 405
50 g	Frischkäse
50 g	Butter
1	Eigelb
1 TL	Salz

FÜR DIE FÜLLUNG

1	Knoblauchzehe
1 kl.	rote Zwiebel
200 g	Ricotta
100 g	Sahne
1	Ei
75 g	geriebener Gouda
¼ TL	Muskat, gem.
1 TL	Salz
¼ TL	Pfeffer, gem.
½ TL	Paprikapulver, edelsüß
200 g	TK-Blattspinat, aufgetaut
1 kl.	rote Paprika
200 g	Fetakäse

SO GEHT'S

Alle Zutaten für den Teig im Mixtopf **30 Sek./Stufe 4** vermengen. Auf die Arbeitsfläche geben und von Hand zu einer Kugel kneten. Ca. 30-40 Min. in den Kühlschrank stellen.

Teig auf etwas Mehl ausrollen und die Tarteform damit auskleiden. Mit einer Gabel am Boden mehrmals einstechen. Backofen auf 180°C Umluft vorheizen.

Knoblauchzehe und die Hälfte der Zwiebel im Mixtopf **5 Sek./Stufe 5** zerkleinern. Ricotta, Sahne, Ei, Gouda und Gewürze zugeben und **8 Sek./Stufe 5** mixen. Aufgetauten Spinat gut ausdrücken und **3 Sek./Stufe 4** untermischen.

Paprika in feine Streifen schneiden und mit dem zerbröselten Fetakäse auf den Tarteboden geben. Spinat-Ricotta-Masse darüber geben und glatt streichen. Restliche halbe Zwiebel in Ringe schneiden und auf die Tarte legen. Tarte im vorgeheizten Backofen ca. 30 Min. backen.

Pro Stück: 321 kcal | 15 g KH | 13 g EW | 23 g Fett

GEMÜSEQUICHE mit buntem Sommergemüse

Tipp

Schmeckt auch kalt sehr gut! Wer die Tarte vorbereiten möchte, kann diese schon einen Tag vorher backen und im Ofen bei 150°C Ober-/Unterhitze 10 Min. aufwärmen.

GEMÜSEQUICHE

mit buntem Sommergemüse

8 PORTIONEN — FERTIG IN 50 MIN.

FÜR DEN TEIG

30 g	Pinienkerne
125 g	Butter
250 g	Weizenmehl, Type 405
1	Ei (Gr. M)
1 EL	kaltes Wasser
½ TL	Salz

FÜR DEN BELAG

500 g	Gemüse nach Wahl
100 g	Bergkäse
3	Eier
50 g	Milch, 1,5%
150 g	Sahne
50 g	Doppelrahmfrischkäse
1 TL	Salatkräuter, getr.
¼ TL	Muskat, gem.
1 TL	Gemüsebrühpulver
½ TL	Salz
¼ TL	Pfeffer, gem.

SO GEHT'S

Backofen auf 180°C Ober-/Unterhitze vorheizen. Pinienkerne in den Mixtopf geben und **6 Sek./Stufe 5** grob hacken. Restliche Teigzutaten zugeben und **25-30 Sek./Stufe 4** zu einem Teig verarbeiten. Teig auf etwas Mehl ausrollen und die gefettete Form damit auslegen. Am Boden mit einer Gabel mehrmals einstechen und mit klein geschnittenem Gemüse belegen.

Für den Guss Bergkäse in Stücken in den Mixtopf geben und **15 Sek./Stufe 5** reiben. Restliche Zutaten zugeben und **15 Sek./Stufe 4** mixen. Über das Gemüse gießen und die Quiche für ca. 35 Min. in den vorgeheizten Backofen geben.

Hinweis

Sie können die Quiche in einer eckigen Tarteform (ca. 18 x 40 cm) oder in einer runden Quicheform (Ø 26-28 cm) backen.

Pro Portion: 429 kcal | 27 g KH | 13 g EW | 30 g Fett

TÜRKISCHE PIDE
mit Spinat-Feta-Füllung

Tipp
Wer möchte, kann noch Zaziki darüber geben und Petersilie darüber streuen.

8 STÜCK — FERTIG IN 65 MIN.

FÜR DEN TEIG

360 g Wasser
½ Würfel frische Hefe
2 TL Zucker
300 g Weizenmehl, Type 405
300 g Pizzamehl, Type 00
1 EL Öl
1 TL Salz

Zum Bestreichen:
1 Eigelb mit 3 EL Öl vermengt

Zum Bestreuen:
etwas Sesam oder Schwarzkümmelsamen

FÜR DIE FÜLLUNG

2 Knoblauchzehen
2 kl. Zwiebeln, halbiert
1 EL Öl
500 g TK-Spinat, aufgetaut
1 TL Salz
1 TL Paprikapulver, edelsüß
½ TL Muskat, gem.
½ TL Pfeffer, gem.
400 g Fetakäse, in Stücken
1 gr. Tomate

SO GEHT'S

Wasser, Hefe und Zucker in den Mixtopf geben und **2 Min./37°C/Stufe 1** erwärmen. Beide Mehlsorten, Öl und Salz zugeben und **2 Min./Teigstufe** kneten.
Teig im Mixtopf ca. 45 Min. gehen lassen, bis dieser das Deckelloch erreicht hat.
Teig aus dem Mixtopf nehmen und in 8 Portionen (à ca. 120 g) teilen.

Jede Teigportion auf etwas Mehl zu einem ovalen Fladen ausrollen, dabei immer wieder wenden und etwas Mehl zugeben. Teigfladen auf zwei mit Backpapier belegte Backbleche geben.

Knoblauch und Zwiebeln im Mixtopf **5 Sek./Stufe 5** zerkleinern. Mit dem Spatel nach unten schieben. Öl zugeben und **2 Min./Varoma/Stufe 1** dünsten. Spinat, Gewürze und Feta zugeben und **5 Sek./Stufe 5** vermengen. Füllung auf dem Teig platzieren, dabei umlaufend einen fingerbreiten Rand frei lassen. Tomate vierteln, Kerne entfernen und klein würfeln. Tomatenwürfel auf der Füllung verteilen.

Teigränder links und rechts zur Mitte einschlagen und die Enden ineinander verdrehen. Teigränder mit Ei-Öl-Gemisch bestreichen und mit Sesam bestreuen. Im vorgeheizten Backofen bei 180°C Umluft ca. 20 Min. backen.

Pro Stück: 469 kcal | 56 g KH | 20 g EW | 17 g Fett

Blitz! Blätterteig-PIZZA

Blitz! Blätterteig-PIZZA

8 PORTIONEN — **FERTIG IN 20 MIN.**

ZUTATEN

1 Rolle Blätterteig
100 g Schmand
1 kl. Zucchini
½ rote Zwiebel
etwas Salz & Pfeffer
100 g Cocktailtomaten
150 g Fetakäse
1 TL Oregano, getr.
ein paar Rosmarinnadeln

SO GEHT'S

Backofen auf 175°C Umluft vorheizen. Blätterteig samt Papier (dient als Backpapier) auf einem Blech ausbreiten. Mit Schmand bestreichen. Zucchini und Zwiebel dünn hobeln und die Scheiben darauf verteilen. Nun mit Salz und Pfeffer würzen.

Cocktailtomaten halbieren und zusammen mit zerbröseltem Fetakäse auf die Pizza geben. Mit Oregano bestreuen und für ca. 10-15 Min. in den Backofen geben. Vor dem Servieren mit Rosmarinnadeln bestreuen.

Pro Portion: 230 kcal | 14 g KH | 6 g EW | 16 g Fett

PFANNENGYROS mit Feta und Tomaten

PFANNENGYROS
mit Feta und Tomaten

2 PORTIONEN — FERTIG IN 25 MIN.

ZUTATEN

1.100 g	Wasser
150 g	Basmatireis
250 g	Seitan
1 TL	Oregano, getr.
1 TL	Paprikapulver, edelsüß
1 TL	Knoblauchpulver
etwas	Salz & Pfeffer
50 g	Zwiebel
1 EL	Öl
100 g	Cocktailtomaten
180 g	Fetakäse, light
etwas	Petersilie, gehackt

SO GEHT'S

Reis in den Gareinsatz einwiegen und unter fließendem Wasser waschen. 1.100 g Wasser in den Mixtopf einfüllen, Gareinsatz einsetzen und den Reis **18 Min./Varoma/Stufe 1** garen.

In der Zwischenzeit Seitan in feine Scheiben schneiden und mit Gewürzen würzen. Zwiebel fein hacken und zusammen mit dem Seitan in Öl anbraten. Halbierte Cocktailtomaten und gewürfelten Feta zugeben und kurz mitbraten. Mit Petersilie bestreuen und mit dem gegarten Reis servieren.

Tipp

Dazu passt sehr gut Zaziki.

Pro Portion: 507 kcal | 38 g KH | 48 g EW | 18 g Fett

LINSENPASTA mit Röstomatensauce

LINSENPASTA
mit Rösttomatensauce

2 PORTIONEN — FERTIG IN 30 MIN.

ZUTATEN

250 g Linsennudeln
1 Zwiebel
4 mittelgr. Tomaten
1 rote Spitzpaprika
1 EL Öl
30 g Frischkäse
1 TL ital. Kräuter, getr.
100 g passierte Tomaten
etwas Salz & Pfeffer
2 TL geriebener Parmesan*

SO GEHT'S

Zwiebel, Tomaten und Paprika etwas klein schneiden und auf ein Backblech geben oder in eine Auflaufform geben. Mit Salz & Pfeffer würzen und mit 1 TL Öl vermischen. Bei 200°C Umluft 20 Min. rösten.

Kurz vor Garzeitende die Nudeln in reichlich Salzwasser garen.

Gemüse aus dem Ofen mit Frischkäse, italienische Kräuter, passierten Tomaten und etwas Salz & Pfeffer in den Mixtopf geben und **10 Sek./Stufe 8-9** pürieren. Nudeln absieben, mit Sauce mischen und mit geriebenem Parmesan bestreut servieren.

Pro Portion: 640 kcal | 85 g KH | 36 g EW | 15 g Fett

*Parmesan ist nicht rein vegetarisch. Wer darauf verzichten möchte, ersetzt diesen durch eine labfreie Käsesorte aus dem Biomarkt.

Gurken-Erbsen-GAZPACHO

Tipp
Hierzu passen panierte Fetakäsewürfel sehr gut.

Gurken-Erbsen-GAZPACHO

4 PORTIONEN — FERTIG IN 90 MIN.

ZUTATEN

1	Knoblauchzehe
250 g	Erbsen, TK
200 g	Weißwein
120 g	Wasser
2 TL	Gemüsebrühpulver
etwas	Salz & Pfeffer
350 g	Salatgurke
1 Handvoll	Minze
1 Handvoll	Basilikum
½	Zitrone, Saft davon
4 TL	Naturjoghurt
etwas	Chiliflocken

SO GEHT'S

Knoblauchzehe im Mixtopf **5 Sek./Stufe 6** zerkleinern. Erbsen und Öl zugeben und **5 Min./Varoma/ ⟲ /Stufe 0.5** dünsten. Weißwein, Wasser, Gemüsebrühpulver und etwas Salz & Pfeffer zugeben und **5 Min./100°C/ ⟲ /Stufe 0.5** kochen.

Restliche Zutaten zugeben und **20 Sek./Stufe 7-9** ansteigend pürieren. Bis zum Servieren 1-2 Std. im Kühlschrank durchkühlen lassen.

Zum Servieren etwas Joghurt auf die Suppe geben und mit frischen Kräutern und Chiliflocken garnieren.

Pro Portion: 103 kcal | 10 g KH | 4 g EW | 1 g Fett

KÜRBISLASAGNE mit Gorgonzola

8 PORTIONEN — FERTIG IN 60 MIN.

FÜR DIE TOMATENSAUCE

1 Knoblauchzehe
1-2 Schalotten
2 Dosen geschälte Tomaten (à 400 g)
1 TL Salz
1 TL Gemüsebrühpulver
1 Prise Chilipulver
1 EL ital. Kräuter, getr.
50 g Sahne

Zubehör: Auflaufform (20 x 30 cm)

FÜR DIE BÉCHAMELSAUCE

30 g Butter
30 g Mehl
600 g Milch, 1,5%
1 gestr. EL Gemüsebrühpulver
¼ TL Muskat, gem.
½ TL Salz
75 g Gorgonzola

AUSSERDEM

1 kl. Kürbis (z.B. Hokkaido o. Butternut)
etwas Salz
12-15 Lasagneplatten
200 g geriebener Mozzarella

SO GEHT'S

Kürbis im Ganzen in den Backofen geben und bei 150°C ca. 30 Min. vorgaren. Danach in kleine Würfel schneiden und mit etwas Salz würzen.

Für die Tomatensauce Knoblauch und Schalotten **5 Sek./Stufe 5** zerkleinern. Restliche Zutaten für die Sauce zugeben, **10 Sek./Stufe 5** mixen und anschließend **10 Min./100°C/Stufe 1** kochen. Umfüllen und Mixtopf spülen.

Für die Béchamelsauce Butter im Mixtopf **2 Min./100°C/Stufe 1** schmelzen. Mehl zugeben und **2 Min./100°C/Stufe 1** anschwitzen. Restliche Zutaten (außer Gorgonzola) zugeben und **7 Min./80°C/Stufe 3** erhitzen. Gorgonzola zugeben und **20 Sek./Stufe 3** rühren.

Nun die Lasagne schichten: Auf den Boden der Form etwas Tomatensauce geben und die erste Schicht Nudelplatten. Wieder Tomatensauce darauf geben und Kürbiswürfel darauf verteilen. Etwas Béchamelsauce darauf geben und wieder Nudelplatten. So weiterverfahren, bis alle Zutaten verarbeitet wurden. Mit Käse bestreuen und im Backofen bei 180°C Ober-/Unterhitze ca. 35-40 Min. garen.

Pro Portion: 447 kcal | 56 g KH | 19 g EW | 16 g Fett

Italienisches TOMATENRISOTTO

*Parmesan ist nicht rein vegetarisch. Wer darauf verzichten möchte, ersetzt diesen durch eine labfreie Käsesorte aus dem Biomarkt.

Italienisches TOMATEN RISOTTO

4 PORTIONEN — FERTIG IN 25 MIN.

ZUTATEN

40 g	Parmesan*
1	gr. Knoblauchzehe
1	Zwiebel, halbiert
25 g	Butter
250 g	Risottoreis
1 TL	Tomatenmark
450 g	Wasser, lauwarm
50 g	Weißwein
10 g	Weißweinessig
150 g	passierte Tomaten

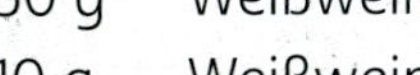

50 g	Sahne
2 TL	Gemüsebrühpulver
1 gestr.	TL Salz
¼ TL	Pfeffer, gem.
1 TL	Oregano, getr.
1 TL	Majoran, getr.
¼ TL	Rosmarinpulver
200 g	Cocktailtomaten
1 kl.	Handvoll Basilikum, gehackt

SO GEHT'S

Parmesan in Stücken in den Mixtopf geben und **10 Sek./Stufe 7** reiben. In eine große Schüssel umfüllen.

Knoblauch und Zwiebel in den Mixtopf geben und **5 Sek./Stufe 5** zerkleinern. Umfüllen. Butter in den Mixtopf geben und **2 Min./100°C/Stufe 1** erhitzen. Risottoreis und Tomatenmark zugeben und **3 Min./100°C/ ↺ /Stufe 0.5** andünsten.

Restliche Zutaten (außer Parmesan, Cocktailtomaten & Basilikum) zugeben und **17 Min./98°C/ ↺ /Stufe 0.5** garen. In der Zwischenzeit Cocktailtomaten in Scheiben schneiden.

Nach Garzeitende Risotto zum Parmesan geben und vermengen. Mit Tomaten und Basilikum garniert servieren.

Pro Portion: 386 kcal | 52 g KH | 10 g EW | 13 g Fett

KNÖDELGRATIN mit Thymiansauce

KNÖDELGRATIN
mit Thymiansauce

4 PORTIONEN — FERTIG IN 30 MIN.

ZUTATEN

2 P. Mini-Knödel (à 400 g, z.B. von Pfanni)
1 kl. Zwiebel, halbiert
1 Knoblauchzehe
25 g Butter
20 g Weizenmehl, Type 405
250 g Kochsahne, 15%
275 g Milch, 1,5%
1 gestr. TL Salz
¼ TL Paprikapulver, rosenscharf
1 TL Thymian, getr.
1 TL Gemüsebrühpulver
100 g geriebener Gouda

Zubehör: Auflaufform (20 x 25 cm)

SO GEHT'S

Backofen auf 180°C Umluft vorheizen. Knödel in eine Auflaufform geben.

Zwiebel und Knoblauch im Mixtopf **5 Sek./Stufe 5** hacken. Mit dem Spatel nach unten schieben. Butter zugeben und **2 Min./100°C/Stufe 1** schmelzen. Mehl zugeben und **1 Min./100°C/Stufe 1** anschwitzen. Restliche Zutaten (außer Käse) zugeben und **4 Min./90°C/Stufe 3** erhitzen.

Sauce über die Knödel gießen und mit Käse bestreuen. Im vorgeheizten Backofen ca. 20 Min. überbacken.

Pro Portion: 712 kcal | 80 g KH | 18 g EW | 34 g Fett

FUSILLI mit Pilzsauce

Tipp

Die Sauce schmeckt auch lecker zu Spätzle und Schupfnudeln.

FUSILLI mit Pilzsauce

4 PORTIONEN — FERTIG IN 25 MIN.

ZUTATEN

500 g	Fusilli
1	Knoblauchzehe
1	rote Zwiebel, halbiert
250 g	Champignons
50 g	Olivenöl
200 g	Kochsahne, 15% Fett
240 g	Milch, 1,5%
150 g	Doppelrahmfrischkäse
1 TL	Meersalz
½ TL	Paprikapulver, edelsüß
¼ TL	Pfeffer, gem.
2 TL	Sojasauce
etwas	gehackte Petersilie

SO GEHT'S

Nudeln in reichlich Salzwasser nach Packungsanweisung garen. Knoblauch und Zwiebel im Mixtopf **5 Sek./Stufe 6** zerkleinern. Mit dem Spatel nach unten schieben. Champignons in dünne Scheiben schneiden. Zusammen mit Öl zugeben und **2 Min./Varoma/ ↺ /Stufe 1** dünsten.

Restliche Zutaten für die Sauce zugeben und das Ganze **6 Min./90°C/ ↺ /Stufe 3** kochen. Sauce mit abgesiebter Pasta vermengen und servieren.

Pro Portion: 771 kcal | 97 g KH | 23 g EW | 31 g Fett

Cheesy BROKKOLIPASTA

Mit Kürbiskernen bestreut servieren

Cheesy BROKKOLIPASTA

4 PORTIONEN — FERTIG IN 25 MIN.

ZUTATEN

500 g Nudeln, z.B. Casarecce
2 Knoblauchzehen
2 Handvoll Petersilie
400 g Brokkoli, in kleinen Röschen
400 g Wasser
250 g Kochsahne, 15% Fett
4 TL grünes Pesto
2 TL Gemüsebrühpulver
2 TL Zwiebel, granuliert
1 TL Salz
½ TL Pfeffer, gem.
etwas Muskat, gem.
120 g geriebener Mozzarella

SO GEHT'S

Nudeln in reichlich Salzwasser nach Packungsanweisung garen. Knoblauch und Petersilie im Mixtopf **5 Sek./Stufe 5** zerkleinern. Brokkoli zugeben und **10 Sek./Stufe 4** zerkleinern. Restliche Zutaten (außer Mozzarella) zugeben und **7-8 Min./100°C/Sanftrührstufe** kochen.

Sauce und Mozzarella über die heißen Nudeln geben und gut vermengen.

Pro Portion: 726 kcal | 99 g KH | 30 g EW | 22 g Fett

Griechische BOWL

2 PORTIONEN — FERTIG IN 50 MIN.

ZUTATEN

250 g kl. Kartoffeln (Drillinge)
1 EL Öl
1 TL Zwiebelpulver
1 TL Paprikapulver, edelsüß
1 TL Oregano, getr.
1 TL Salz

Ausserdem

2 Salatherzen
100 g Rotkraut
½ Zwiebel
125 g Cocktailtomaten
¼ Salatgurke

Für das Dressing

1 Knoblauchzehe
120 g Salatgurke
150 g Skyr, natur
1 TL Dill, getr.
25 g Milch, 1,5%
10 g Rotweinessig
etwas Salz & Pfeffer

Für das Gemüse

½ Zwiebel
170 g Zucchini
100 g Paprika
1 TL Öl
100 g stückige Tomaten (Dose)
1 TL Gyrosgewürz
etwas Salz & Pfeffer

SO GEHT'S

Backofen auf 200°C Umluft vorheizen. Kartoffeln waschen und halbieren. In eine Schüssel geben. Öl, Zwiebelpulver, Paprikapulver, Oregano und Salz zugeben und vermengen. Ein Backblech mit Backpapier belegen und Kartoffeln darauf verteilen. Für 20 Min. in den Ofen geben.

Für das Dressing Knoblauch im Mixtopf **5 Sek./Stufe 5** hacken. 120 g Gurke in Stücken zugeben und **10 Sek./Stufe 4** zerkleinern. Restliche Zutaten zugeben und **10 Sek./Stufe 3** mischen. Mixtopf spülen.

Für das Gemüse halbe Zwiebel, Zucchini und Paprika klein würfeln und in den Mixtopf geben. Öl zugeben und **3 Min./Varoma/Stufe 0.5** dünsten. Stückige Tomaten, Gyrosgewürz und etwas Salz & Pfeffer zugeben und **8 Min./100°C/Sanftrührstufe** garen.

In dieser Zeit Salat, Rotkohl, halbe Zwiebel, Cocktailtomaten und restliche Gurke klein schneiden und auf 2 Schalen verteilen. Mit Gemüse aus dem Thermomix, Kartoffeln aus dem Ofen und Zazikidressing servieren.

Pro Portion: 365 kcal | 48 g KH | 19 g EW | 11 g Fett

RAMEN mit Erdnuss-Sauce

RAMEN
mit Erdnuss-Sauce

3 PORTIONEN — FERTIG IN 25 MIN.

ZUTATEN

200 g Tofu
1 Frühlingszwiebel
¼ Salatgurke
2 EL Mehl
200 g Instant Mie-Nudeln
etwas Salz
1 EL schwarzer Sesam
etwas gehackter Koriander

FÜR DIE SAUCE

1 Knoblauchzehe
¼ rote Chilischote, entkernt
1 Stück Ingwer, 5-8 g
1 EL Sesamöl
1 geh. EL Erdnussmus
75 g Wasser
1 TL Gemüsebrühpulver
1 EL Mirin
1 EL Sojasauce
1 TL Srirachasauce

SO GEHT'S

Tofu zwischen zwei Lagen Küchenkrepp legen und mit einem schweren Teller oder Holzbrett beschweren. Dadurch entweicht Flüssigkeit und der Tofu wird knuspriger. Frühlingszwiebel in Ringe und Gurke in Stücke schneiden. Beiseitestellen.

Währenddessen die Sauce zubereiten. Knoblauch, Chili und Ingwer im Mixtopf **5 Sek./Stufe 6** hacken. Mit dem Spatel nach unten schieben. Sesamöl zugeben und **2 Min./Varoma/Stufe 1** dünsten. Restliche Zutaten für die Sauce zugeben und **5 Min./80°C/Stufe 2** erwärmen.

Tofu in Würfel schneiden und mit Mehl bestäuben. Etwas Öl in einer Pfanne erhitzen und Tofuwürfel darin anbraten. In dieser Zeit die Nudeln mit kochendem Wasser übergießen und 5 Min. ziehen lassen. Etwas Salz zugeben. Nudeln absieben, mit Sauce mischen und mit Tofu, Frühlingszwiebelringen, Gurke, Sesam und Koriander servieren.

Pro Portion: 499 kcal | 64 g KH | 21 g EW | 16 g Fett

GEMÜSECURRY *mit Kokos*

GEMÜSECURRY mit Kokos

3 PORTIONEN — FERTIG IN 30 MIN.

ZUTATEN

500 g Gemüse, gemischt (Brokkoli, Karotte, rote Paprika & Kaiserschoten)
50 g Erdnüsse
180 g Langkornreis, parboiled
1 TL Gemüsebrühpulver
1.200 g Wasser, lauwarm

FÜR DIE SAUCE

1 Knoblauchzehe
etwas frischer Koriander
170 g Kokosmilch, cremig
½ TL Ingwer, gem.
1 TL Currypulver
½ TL Paprikapulver, rosenscharf
1 TL Gemüsebrühpulver
½ TL Salz
1 TL Sojasauce
1 Spritzer Limettensaft
1 EL Speisestärke

SO GEHT'S

Gemüse klein schneiden und im Varoma und auf dem Einlegeboden verteilen. Erdnüsse darüber streuen. Reis in den Gareinsatz geben. Gemüsebrühpulver darauf geben und mit Wasser übergießen. Varoma aufsetzen und das Ganze **22 Min./Varoma/Stufe 1** garen.

Nach Ende der Garzeit Varoma und Reis warm halten. Mixtopf leeren, Garflüssigkeit weggießen. Für die Sauce Knoblauch und Koriander in den Mixtopf geben und **5 Sek./Stufe 5** zerkleinern. Restliche Zutaten für die Sauce zugeben und **3 Min./90°C/Stufe 3** erhitzen.

Gemüse und Reis mit Sauce servieren.

Pro Portion: 507 kcal | 64 g KH | 15 g EW | 19 g Fett

ASIA TOFU mit Reis und Salat

ASIA TOFU

mit Reis und Salat

3 PORTIONEN — FERTIG IN 25 MIN. — VORBEREITUNGSZEIT : 1-2 STD.

ZUTATEN

400 g Tofu
100 g Karotte
50 g Wasser
1 TL Currypulver
½ TL Ingwer, gem
½ TL Knoblauchpulver
etwas Pfeffer, gem.
etwas Salz
2 TL Mehl
2 EL Öl
2 EL Ketjap manis
150 g gegarter Reis
1 TL Sesamsamen
etwas Koriander, gehackt
2 TL Srirachasauce

FÜR DEN SALAT

4 Salatherzen
1 EL Öl
2 EL Weißweinessig
etwas Salz & Pfeffer

Salat klein schneiden und mit Öl, Essig sowie Salz & Pfeffer würzen.

SO GEHT'S

Tofu zwischen mehrere Lagen Küchenkrepp legen und mit etwas beschweren. Ca. 1-2 Std. so liegen lassen. Dem Tofu wird so Feuchtigkeit entzogen und er wird dann knuspriger.

In der Zwischenzeit Karotte im Mixtopf **5 Sek./Stufe 5** zerkleinern. Wasser und Gewürze zugeben und **5 Sek./Stufe 3** mischen. Tofu in Würfel schneiden, in Mehl wälzen und mit Öl in der Pfanne anbraten. Wenn der Tofu knusprig ist, Ketjap manis zugeben und vermengen. Aus der Pfanne auf einen Teller geben.

Reis in die Pfanne geben, Karotten-Würzmasse zugeben und kurz erhitzen. Zum Tofu auf den Teller geben. Mit Sesamsamen, gehacktem Koriander und Srirachasauce servieren.

Pro Portion: 449 kcal | 34 g KH | 24 g EW | 24 g Fett

SPINATKNÖDEL mit Rahm-Champignons

4 PORTIONEN — FERTIG IN 45 MIN.

ZUTATEN

200 g	TK-Spinat, portionierbar
120 g	Milch, 1,5%
1	Zwiebel, halbiert
20 g	Butter
250 g	Knödelbrot, gewürfelt
3	Eier
1 TL	Salz
¼ TL	Muskat, gem.
½ TL	Pfeffer, gem.
½ TL	Paprikapulver, edelsüß

Für die Walnussbutter

50 g	Walnusskerne
20 g	Butter
1 Prise	Salz

Für die Champignons

1 kl.	Zwiebel
1 kl.	Knoblauchzehe
20 g	Butter
400 g	Champignons
200 g	Wasser, lauwarm
100 g	Weißwein
1 TL	Gemüsebrühpulver
1 Msp.	Muskat, gem.
2 Msp.	Pfeffer, gem
¼ TL	Salz

100 g	Schmand

1 Handvoll Petersilie, gehackt
1 EL Speisestärke mit
2 EL Wasser angerührt

SO GEHT'S

Spinat und Milch im Mixtopf **4 Min./100°C/Stufe 1** erhitzen. Umfüllen. Zwiebel im Mixtopf **5 Sek./Stufe 5** zerkleinern. Mit dem Spatel nach unten schieben. Butter zugeben und **2 Min./100°C/Stufe 1** dünsten. Knödelbrot, Eier, Gewürze sowie umgefüllte Spinatmasse zugeben und **30 Sek./⟲/Stufe 3** vermengen. Aus dem Teig mit leicht feuchten Händen ca. 20 kleine Knödel formen. Die Knödel im Varoma sowie auf dem Einlegeboden verteilen. Varoma verschließen und beiseitestellen.

Für die Rahm-Champignons Zwiebel und Knoblauch **5 Sek./Stufe 5** zerkleinern. Mit dem Spatel nach unten schieben. Butter zugeben und **2 Min./100°C/Stufe 1** dünsten. Champignons würfeln. Zusammen mit Wasser, Weißwein, Gemüsebrühpulver, Muskat, Pfeffer und Salz zugeben. Mixtopfdeckel auflegen, Varoma aufsetzen und das Ganze **22 Min./Varoma/⟲/Stufe 1** garen. Nach Ende der Garzeit Varoma abnehmen und beiseitestellen. Schmand, Petersilie sowie Speisestärkegemisch zu den Champignons geben und **2 Min./90°C/⟲/Stufe 1** erhitzen. Umfüllen und Mixtopf spülen.

Walnüsse grob hacken und in einer Pfanne rösten. Butter und Salz zugeben und schmelzen. Walnussbutter über das fertige Gericht träufeln.

Pro Portion: 643 kcal | 61 g KH | 23 g EW | 32 g Fett

LINSEN-DAL mit Spinat

LINSEN-DAL
mit Spinat

4 PORTIONEN — FERTIG IN 25 MIN.

ZUTATEN

½ rote Zwiebel
2 Knoblauchzehen
1 Karotte (70 g)
1 Stück Ingwer (15 g)
200 g rote Linsen
200 g Wasser
200 g Kokosmilch, light
250 g passierte Tomaten
1 TL Salz
1 TL Ras el Hanout
¼ TL Zimt, gem.
1 TL Koriander, getr.
1 TL Kreuzkümmel, gem.
etwas Chiliflocken
1 Handvoll Spinatblätter
100 g Naturjoghurt, 1,5%
etwas Currypulver

SO GEHT'S

Zwiebel, Knoblauch, Karotte und Ingwer in den Mixtopf geben und **5 Sek./Stufe 5** zerkleinern. Linsen, Wasser, Kokosmilch, passierte Tomaten und Gewürze zugeben und **20 Min./100°C/Stufe 0.5** garen.

Nach Garzeitende Spinatblätter mit dem Spatel unterrühren und ca. 2 Min. ziehen lassen. Linsen-Dal mit einem Klecks Naturjoghurt und etwas Currypulver servieren.

Pro Portion: 280 kcal | 34 g KH | 16 g EW | 8 g Fett

TORTIGLIONI mit Ofentomaten

TORTIGLIONI mit Ofentomaten

4 PORTIONEN — FERTIG IN 25 MIN.

ZUTATEN

500 g Tortiglioni
200 g passierte Tomaten
200 g Fetakäse
1 Handvoll Petersilie, gehackt

FÜR DIE OFENTOMATEN

400 g Cocktailtomaten
4 EL Olivenöl
2 EL Balsamicoessig
1 EL ital. Kräuter, getr.
1 TL Rosmarinnadeln
1 TL Salz
¼ TL Pfeffer, gem.
½ TL Chiliflocken

SO GEHT'S

Backofen auf 200°C Umluft vorheizen.
Cocktailtomaten halbieren und in eine Auflaufform geben.
Mit Olivenöl, Balsamico und allen Gewürzen vermengen.
Für 15 Min. in den vorgeheizten Backofen geben. In der Zwischenzeit Pasta in reichlich Salzwasser al dente kochen.

Nach der Garzeit Nudeln mit in die Auflaufform geben, passierte Tomaten zugießen und vermengen. Nochmal mit Salz, Pfeffer und Chili abschmecken. Mit zerbröseltem Fetakäse und Petersilie bestreut servieren.

Pro Portion: 749 kcal | 97 g KH | 27 g EW | 26 g Fett

Brokkoli-NUDELAUFLAUF

Tipp

*Käse selber reiben: In Stücken in den Mixtopf geben und **15 Sek./Stufe 5** reiben. Fertig!

Brokkoli-Nudel-AUFLAUF

6 PORTIONEN — FERTIG IN 40 MIN.

ZUTATEN

1 Brokkoli
500 g Nudeln, nach Wahl (Garzeit 9-12 Min.)
1 P. Feta-Miniwürfel (135 g)
150 g geriebener Käse, nach Wahl*

Zubehör: Auflaufform (25 x 32 cm)

FÜR DIE SAUCE

1 Zwiebel, halbiert
1 Knoblauchzehe
1 EL Öl
200 g Sahne
150 g Schmand
½ TL Paprikapulver, edelsüß
¼ TL Muskat, gem.
1 TL Salz
¼ TL Pfeffer, gem.
1 TL Gemüsebrühpulver
250 g Milch, 1,5%
1 leicht geh. EL Speisestärke

SO GEHT'S

Backofen auf 200°C Umluft vorheizen.
Brokkoli in kleine Röschen teilen. Nudeln und Brokkoliröschen in Salzwasser ca. 6-8 Min. vorgaren, absieben und anschließend in eine Auflaufform geben. Fetawürfelchen darüber streuen.

Für die Sauce Zwiebel und Knoblauch in den Mixtopf geben und **5 Sek./Stufe 5** zerkleinern. Mit dem Spatel nach unten schieben. Öl zugeben und **2 Min./Varoma/Stufe 1** dünsten. Restliche Zutaten für die Sauce zugeben und **4 Min./90°C/Stufe 3** erhitzen.
Sauce über Nudeln und Brokkoli gießen, vermengen und mit Käse bestreuen. Im vorgeheizten Backofen ca. 20 Min. überbacken.

Pro Portion: 681 kcal | 69 g KH | 27 g EW | 32 g Fett

Brezen-FRIKADELLEN

Brezen-FRIKADELLEN

4 PORTIONEN — FERTIG IN 60 MIN.

ZUTATEN

4	Brezen vom Vortag
1	Zwiebel
1 EL	Butter
150 g	Milch, 1,5%
1 TL	Salz
½ TL	Pfeffer, gem.
¼ TL	Muskat, gem.
½ TL	Paprikapulver, edelsüß
2	Eier (Gr. M)
etwas	Schnittlauch, in Röllchen

FÜR DIE RAHM-CHAMPIGNONS

400 g	Champignons
30 g	Butter
200 g	Kochsahne
150 g	Milch, 1,5%
50 g	Doppelrahmfrischkäse
1 TL	Tomatenmark
1 TL	Gemüsebrühpulver
etwas	Salz & Pfeffer

SO GEHT'S

Brezen in feine Scheiben schneiden und in eine große Schüssel geben. Zwiebel im Mixtopf **5 Sek./Stufe 5** zerkleinern. Butter zugeben, alles mit dem Spatel nach unten schieben und **2 Min./100°C/Stufe 1** dünsten. Milch und Gewürze zugeben und **4 Min./60°C/Stufe 1.5** erwärmen. Über die Brezen gießen, Eier zugeben und mit den Händen alles gut verkneten. 30 Min. quellen lassen.

Aus dem Teig 8 Frikadellen formen und in einer Pfanne anbraten. In eine Auflaufform geben und im Backofen bei 100°C warm halten. Währenddessen die Rahmchampignons zubereiten.

Champignons in Scheiben schneiden und in einer Pfanne mit Butter anbraten. Sahne und Milch zugießen und kurz aufkochen lassen. Restliche Zutaten zugeben und mit einem Schneebesen einrühren. Frikadellen mit Rahmchampignons auf Tellern anrichten und mit Schnittlauch bestreut servieren.

Pro Portion: 464 kcal | 49 g KH | 18 g EW | 22 g Fett

VEGGIE HOTDOGS mit Karotte

VEGGIE HOTDOGS mit Karotte

6 PORTIONEN — FERTIG IN 40 MIN.

ZUTATEN

6	Hotdog-Brötchen (Brioche)
6 gr.	Karotten
3 EL	Sojasauce
1 EL	Öl
1 TL	Paprikapulver, edelsüß

FÜR DIE SAUCE

150 g	Crème fraîche
75 g	Salatmayonnaise
½ TL	Paprikapulver, geräuchert
½ TL	Paprikapulver, edelsüß
½ TL	Currypulver
etwas	Salz & Pfeffer

ZUM FÜLLEN

½ Kopf	Blattsalat
1 P.	Mini-Fetawürfel (135 g)
150 g	Cocktailtomaten
3-4 EL	Röstzwiebeln

SO GEHT'S

Backofen auf 180°C Umluft vorheizen. Karotten schälen und in eine Auflaufform legen. Sojasauce, Öl und Paprikapulver vermischen und die Karotten damit bepinseln. Für 30 Min. in den Backofen geben. In der Zwischenzeit alle Zutaten für die Sauce in einer Schüssel vermengen.

Salat putzen und Cocktailtomaten klein schneiden. Etwas Sauce in die Brötchen streichen und mit Salat, gegarter Karotte, Tomatenwürfeln, Feta und Röstzwiebeln füllen. Nochmal etwas Sauce darüber geben und servieren.

Pro Portion: 473 kcal | 41 g KH | 12 g EW | 27 g Fett

Smashed POTATOES

Smashed POTATOES

4 PORTIONEN — FERTIG IN 60 MIN.

ZUTATEN

1 kg kleine Kartoffeln (Drillinge)
30 g Öl
etwas Salz & Pfeffer
etwas Paprikapulver, rosenscharf
etwas Knoblauchpulver
100 g geriebener Käse, nach Wahl
etwas Petersilie, gehackt

Tipp
Hierzu passt gut ein Kräuter-Quark-Dip oder der Limetten-Chili-Dip von Seite 43.

SO GEHT'S

Wasser in den Mixtopf füllen und Kartoffeln im Varoma verteilen. Kartoffeln nun **25 Min./Varoma/Stufe 1** dämpfen.

Gedämpfte Kartoffeln auf ein Backblech geben und mit dem Boden eines Glases zerdrücken. Mit Öl bepinseln und mit Salz, Pfeffer, Paprikapulver sowie Knoblauchpulver würzen und mit geriebenem Käse bestreuen. Im vorgeheizten Backofen bei 200°C Umluft ca. 20 Min. backen.

Die gebackenen Kartoffeln mit frischer Petersilie bestreuen.

Pro Portion: 335 kcal | 39 g KH | 12 g EW | 15 g Fett

KARTOFFELGRATIN *Greek Style*

KARTOFFEL-GRATIN Greek Style

3 PORTIONEN — FERTIG IN 50 MIN.

ZUTATEN

500 g	Kartoffeln, vorw. festk.
1	Knoblauchzehe
80 g	Wasser
100 g	Kochsahne
1 TL	Thymian, getr.
1 TL	ital. Kräuter, getr.
1 TL	Oregano, getr.
1 TL	Paprikapulver, edelsüß
1 TL	Salz
¼ TL	Pfeffer, gem.
2 Msp.	Muskat, gem.
200 g	Schmand
2	Tomaten
etwas	Salz & Pfeffer
80-100 g	Fetakäse

Zubehör: Auflaufform (25 x 30 cm)

SO GEHT'S

Backofen auf 190°C Ober-/Unterhitze (170°C Umluft) vorheizen. Kartoffeln in dünne Scheiben hobeln. Knoblauchzehe im Mixtopf **5 Sek./Stufe 5** zerkleinern. Kartoffelscheiben, Wasser, Sahne und alle Gewürze zugeben und **6 Min./90°C/⟲/Sanftrührstufe** garen. 100 g Schmand zugeben und **5 Sek./⟲/Stufe 2.5** mischen.

Kartoffelmasse in eine Auflaufform geben und glatt streichen. Tomaten in dünne Scheiben schneiden und auf die Kartoffeln legen. Tomaten mit etwas Salz und Pfeffer würzen.

Restlichen Schmand und zerbröselten Feta in den Mixtopf geben und **3 Sek./⟲/Stufe 3** mischen. Auf dem Gratin verteilen und im Backofen ca. 30 Min. backen.

Pro Portion: 445 kcal | 33 g KH | 14 g EW | 28 g Fett

OFENFETA mit Gemüse

Mit Kritharaki-Nudeln

OFENFETA mit Gemüse

2 PORTIONEN — FERTIG IN 60 MIN.

ZUTATEN

125 g	Kritharaki-Nudeln	100 g	Cocktailtomaten
300 g	Wasser	180 g	Fetakäse, light
50 g	Kochsahne	1 TL	Salz
1 TL	Gemüsebrühpulver	1 TL	Paprikapulver, edelsüß
1	rote Zwiebel		
200 g	Zucchini	1 TL	Currypulver
100 g	Paprika	1 TL	ital. Kräuter, getr.

Zubehör: Auflaufform (Ø 27 cm)

SO GEHT'S

Backofen auf 200°C Umluft vorheizen. Nudeln, Wasser, Sahne und Gemüsebrühpulver in eine Auflaufform geben und mit einer Gabel verrühren.

Gemüse klein schneiden und auf den Nudeln verteilen. Fetakäse mittig darauf legen. Alles mit den Gewürzen bestreuen und für 40 Min. in den Ofen geben.

Pro Portion: 494 kcal | 59 g KH | 30 g EW | 14 g Fett

GEMÜSEGRATIN mit Gorgonzola

2-3 PORTIONEN — FERTIG IN 60 MIN.

ZUTATEN

2 kl.	Zucchini (ca. 300 g)
2	Romatomaten (ca. 200 g)
1	Aubergine (200 g)
2-3 EL	Öl zum Anbraten
4 EL	Parmesan, gerieben*

Zubehör: Auflaufform (17 x 27 cm)

FÜR DIE SAUCE

1 kl.	Zwiebel, halbiert
1	Knoblauchzehe
25 g	Butter
20 g	Mehl
125 g	Milch, 1,5%
125 g	Kochsahne
10 g	Tomatenmark
1 TL	Zucker
½ TL	Salz
½ TL	Thymian, getr.
½ TL	Majoran, getr.
1 TL	Oregano, getr.
50 g	Gorgonzola, mild (altern. Fetakäse)

SO GEHT'S

Zucchini, Tomaten und Aubergine in Scheiben schneiden. Die Auberginenscheiben auf ein Küchenkrepppapier legen und salzen. 15 Min. ziehen lassen, danach die Flüssigkeit abtupfen. Nun die Zucchinischeiben und Auberginenscheiben in einer Pfanne mit reichlich Öl anbraten. Danach im Wechsel mit den Tomatenscheiben in eine Auflaufform schichten.

Backofen auf 200°C Ober-/Unterhitze (180°C Umluft) vorheizen. Zwiebel und Knoblauch im Mixtopf **5 Sek./Stufe 5** zerkleinern. Mit dem Spatel nach unten schieben. Butter zugeben und **2 Min./100°C/Stufe 1** dünsten. Mehl zugeben und erneut **2 Min./100°C/Stufe 1** anschwitzen. Restliche Zutaten für die Sauce (außer Gorgonzola) zugeben und **5 Min./100°C/Stufe 4** aufkochen. Gorgonzola in kleinen Stücken zugeben und **10 Sek./Stufe 4** untermischen.

Sauce über das Gemüse geben und glatt streichen. Mit geriebenen Parmesan bestreuen und im vorgeheizten Backofen ca. 20 Min. backen.

Pro Portion (3): 413 kcal | 17 g KH | 15 g EW | 31 g Fett

GNOCCHI *alla melanzane*

GNOCCHI alla melanzane

2 PORTIONEN — FERTIG IN 20 MIN.

ZUTATEN

1 kl.	rote Paprika
1 kl.	Aubergine
2 EL	Öl zum Braten
400 g	Gnocchi (Kühlregal)

FÜR DIE SAUCE

1	Knoblauchzehe
½	rote Zwiebel
1 EL	Olivenöl
200 g	Pizzasauce (z.B. von Mutti)
75 g	Wasser
2 EL	Frischkäse, light
½ TL	Salz
1 TL	Oregano, getr.
1 TL	Basilikum, getr.
½ TL	Chiliflocken
etwas	Pfeffer, frisch gem.

SO GEHT'S

Paprika und Aubergine würfeln und in einer beschichteten Pfanne in reichlich Öl anbraten. Bekommen die Auberginenwürfel zu wenig Öl, werden sie zäh!

Während des Bratvorgangs Sauce im Thermomix zubereiten. Knoblauch und Zwiebel im Mixtopf **5 Sek./Stufe 5** zerkleinern. Mit dem Spatel nach unten schieben. Olivenöl zugeben und **2 Min./Varoma/Stufe 1** dünsten. Restliche Zutaten zugeben und **10 Sek./Stufe 3** mixen.

Sobald die Auberginen schön dunkel sind, die Sauce aus dem Mixtopf mit in die Pfanne geben. Hitze reduzieren und Gnocchi untermischen. Das Ganze etwas köcheln lassen, bis die Gnocchi weich sind, und dann servieren.

Pro Portion: 566 kcal | 80 g KH | 13 g EW | 20 g Fett

Spanischer GEMÜSEKUCHEN

Spanischer GEMÜSEKUCHEN

8 PORTIONEN — FERTIG IN 60 MIN.

FÜR DEN TEIG

200 g Magerquark
40 g Olivenöl
150 g Dinkelmehl, Type 630
50 g Dinkelvollkornmehl
1 TL Backpulver
etwas Salz
ggf. 1-2 EL kaltes Wasser

FÜR DEN BELAG

4-5 kl. Kartoffeln, gekocht*
1 grüne Spitzpaprika
1 rote Zwiebel
3 Tomaten
10-15 grüne Oliven, entsteint
100 g geriebener Käse

FÜR DEN GUSS

3 Eier
150 g Crème fraîche
1 TL Knoblauch, granuliert
1 TL Senf, mittelscharf
1 TL mediterrane Kräuter, getr.
½ TL Paprikapulver, edelsüß
¼ TL Pfeffer, gem.
¼ TL Muskat, gem.

Zubehör: Springform, Ø 26 cm

*am besten schon am Vortag kochen

SO GEHT'S

Teigzutaten in den Mixtopf geben und **30 Sek./Stufe 4** zu einem Teig verarbeiten. Teig für 15 Min. in den Kühlschrank geben. Mixtopf spülen.

Teig rund ausrollen und eine gefettete Springform (Ø 26 cm) damit auskleiden. Dabei einen 3 cm hohen Rand hochziehen. Das komplette Gemüse in Scheiben schneiden und im Wechsel auf den Teig legen.

Zutaten für den Guss im Mixtopf **15 Sek./Stufe 4** mixen. Über den Kuchen gießen und mit Käse bestreuen. Im vorgeheizten Backofen bei 200°C Ober-/Unterhitze ca. 30-35 Min. backen.

Pro Portion: 345 kcal | 27 g KH | 14 g EW | 19 g Fett

LASAGNE mit Spinat

3 PORTIONEN — **FERTIG IN 50 MIN.**

ZUTATEN

50 g Käse (z.B. Gouda)
170 g Tomaten
8 Lasagneblätter
340 g TK-Rahmspinat, aufgetaut

Zubehör: Auflaufform (20 x 25 cm)

FÜR DIE SAUCE

1 Knoblauchzehe
3 Schalotten, halbiert
15 g Öl
400 g Wasser, lauwarm
½ TL Paprikapulver, rosenscharf
1 Msp. Muskat, gem.
¼ TL weißer Pfeffer, gem.
10 g Röstzwiebeln
1 TL Meersalz
½ TL Thymian, getr.
1 TL Gemüsebrühpulver
1 EL Speisestärke, leicht geh.
1 TL Paprikamark (o. Tomatenmark)
100 g Doppelrahmfrischkäse

SO GEHT'S

Backofen auf 200°C Ober-/Unterhitze (Umluft 180°C) vorheizen. Käse in Stücken in den Mixtopf geben und **5 Sek./Stufe 7** reiben. Umfüllen. Tomaten in kleine Würfel schneiden.

Knoblauch und Schalotten im Mixtopf **5 Sek./Stufe 5** zerkleinern und mit dem Spatel nach unten schieben. Öl zugeben und **2 Min./120°C/Stufe 1** dünsten. Restliche Zutaten für die Sauce (außer Frischkäse) zugeben und **3:30 Min./90°C/Stufe 3** erhitzen. Frischkäse zugeben und **10 Sek./Stufe 3** unterrühren.

Sauce mit aufgetautem, leicht ausgedrücktem Spinat sowie den Tomatenwürfeln vermengen und im Wechsel mit den Lasagneplatten in eine Auflaufform schichten. Mit Sauce beginnen und abschließen. Zum Schluss mit geriebenem Käse bestreuen. Im vorgeheizten Backofen ca. 30-35 Min. backen.

Pro Portion: 467 kcal | 49 g KH | 18 g EW | 21 g Fett

ITALIA BOWL mit Pestopasta

ITALIA BOWL
mit Pestopasta

2 PORTIONEN — FERTIG IN 25 MIN.

ZUTATEN

100 g	Nudeln nach Wahl
2 EL	grünes Pesto
1 EL	Weißweinessig
50 g	Blattsalat, gemischt
50 g	rote Paprika
100 g	Cocktailtomaten
½	rote Zwiebel
1 Kugel	Mozzarella, light
200 g	Hüttenkäse, light
2 TL	Salatkerne
4 TL	Öl
2 EL	Balsamicoessig, dunkel
etwas	Salz & Pfeffer

SO GEHT'S

Nudeln in reichlich Salzwasser al dente garen und im Anschluss absieben. Mit grünem Pesto und Weißweinessig mischen.

Salat, Nudeln, klein geschnittene Paprika und Cocktailtomaten sowie in Ringe geschnittene Zwiebel in zwei Schüsseln anrichten. Jeweils die Hälfte vom Mozzarella und Hüttenkäse darauf platzieren.

Je Schüssel 1 TL Salatkerne auf den Hüttenkäse und je 2 TL Öl über Salat und Tomaten geben. Zum Schluss je 1 EL Balsamicoessig über das Gemüse geben und alles mit Salz & Pfeffer würzen.

Pro Portion: 576 kcal | 48 g KH | 34 g EW | 25 g Fett

GNOCCHI mit Erbsencarbonara

GNOCCHI
mit Erbsencarbonara

4 PORTIONEN — FERTIG IN 35 MIN.

ZUTATEN

1 kg Gnocchi (Kühlregal)
100 g vegetarische Speckwürfel
1 EL Olivenöl
100 g Erbsen, TK
2 Eigelb
60 g Parmesan, gerieben*
100 g Kochsahne
¼ TL Salz
¼ TL Pfeffer, gem.

*Parmesan ist nicht rein vegetarisch. Wer darauf verzichten möchte, ersetzt diesen durch eine labfreie Käsesorte aus dem Biomarkt.

SO GEHT'S

Gnocchi im kochenden Wasser nach Packungsanweisung garen. Vegetarische Speckwürfel in einer Pfanne mit Öl anbraten. Erbsen unter heißem Wasser waschen, damit diese antauen. Dann mit in die Pfanne geben, kurz mitbraten und Pfanne vom Herd nehmen.

Eigelb mit Parmesan, Sahne, Salz und Pfeffer verrühren. Mit in die Pfanne geben und alles vermengen.

Gnocchi absieben, dabei 2-3 EL Wasser auffangen. Gnocchi und Wasser mit in die Pfanne geben, vermengen und servieren.

Pro Portion: 562 kcal | 75 g KH | 20 g EW | 19 g Fett

Linsen-FRIKADELLEN

Am Vortag beginnen!

Tipp
Dazu passt Kräuterquark und ein Blattsalat.

Linsen-FRIKADELLEN

4 PORTIONEN — FERTIG IN 45 MIN. — VORBEREITUNGSZEIT : 24 STD.

ZUTATEN

400 g Wasser
1 EL Gemüsebrühpulver
200 g rote Linsen
150 g Karotte
150 g Zucchini
½ rote Zwiebel
100 g Bergkäse
2 Eier
100 g Semmelbrösel
1 TL Salz
¼ TL Pfeffer, gem.
½ TL Kurkuma, gem.
½ TL Paprikapulver, edelsüß
etwas Öl zum Anbraten

Zum Wälzen:
ca. 80-100 g Semmelbrösel

SO GEHT'S

Am Vortag: Wasser und Gemüsebrühpulver in den Mixtopf geben und **6 Min./100°C/Stufe 1** aufkochen. Linsen zugeben und **8 Min./100°C/Stufe 0.5** garen. Danach umfüllen und abkühlen lassen. Über Nacht in den Kühlschrank stellen.

Am nächsten Tag: Karotte, Zucchini und Zwiebel in Stücken in den Mixtopf geben und **5 Sek./Stufe 5** zerkleinern. In eine große Schüssel umfüllen. Linsen zugeben. Bergkäse in Stücken in den Mixtopf geben und **15 Sek./Stufe 5** reiben. Zusammen mit den restlichen Zutaten zu den Linsen geben und mit den Händen gut verkneten. 30 Min. quellen lassen.

Aus der Masse 16 Frikadellen formen und diese nochmal in Semmelbrösel wälzen. Mit reichlich Öl in einer Pfanne von beiden Seiten knusprig braten.

Pro Portion: 583 kcal | 66 g KH | 30 g EW | 21 g Fett

Eigene NOTIZEN